HYMNE
DE
S. CHARLES
BORROMEE,
CARDINAL ET
Archeuesque de Milan.

Par Mre Antoine Godeav, Euesque de Grasse & Vence.

A PARIS,

Chez Pierre le Petit, Imprim. & Libraire ordinaire du Roy, ruë Saint Iacques, à la Croix d'Or.

M. DC. LII.
AVEC PRIVILEGE DV ROY.

HYMNE
DE
S. CHARLES
BORROME'E,

Cardinal & Archeuefque de Milan.

 VSE, qui d'vne fainte audace,
T'éleues iufques dans les Cieux,
Méprifant le front glorieux
Des deux Montagnes de Parnaſſe;
Meſſagere du Roy des Roys,
Chafte Interprete de fes Loix,
Defcends du Globe des eftoiles;
Et montre à mon cœur tranfporté,
Mais fans nuages, & fans voiles,
Tous les threfors de ta beauté.

A

Entre dans les jardins celestes
Dont les parterres touſiours verds,
Ne craignent point de nos hyuers
Les rauages les plus funeſtes;
Forme des plus brillantes fleurs,
Dont la Gloire y peint les couleurs,
Une guirlande renommée;
Et pour le plus Saint des humains,
Pour l'admirable Borromée,
Vien me la mettre dans les mains.

Docte Ouuriere de merueilles,
Il faut d'vn art induſtrieux,
Ioindre en ce chapeau precieux,
Les lys blancs, aux roſes vermeilles;
Des Martyrs, Charles tient le rang,
Quoy qu'il n'ayt pas verſé le ſang
Qui couloit dans ſes chaſtes veines;
Il n'eut ny Tyran, ny Boureau;
Mais l'Amour, dans de longues peines,
Le fit Martyr de ſon Troupeau.

Vierges, beaux Anges de la terre,
Qui dans vn corps, viuant sans corps,
Portez de si riches thresors,
Dans de fresles vaisseaux de verre ;
Charles a choisi vostre Epoux,
Il porta des lys comme vous,
Il gagna la mesme victoire ;
Et pour conseruer ces beaux lys,
Charles renouuelle la gloire
De vos Siecles enseuelis.

Dans les Echoles de Pauie,
L'orgueil du Demon inhumain,
Tendit de doux pieges en vain
A l'innocence de sa vie.
La sainte lumiere des Cieux,
Descouurit tousiours à ses yeux
Le serpent caché sous le piege ;
Et sa flâme au fond de son cœur,
De la volupté qui l'assiege,
En fit vn illustre vainqueur.

A ij

Un Ennemy remply de charmes,
Pour esbranler sa fermeté,
Employa ce que la beauté
A de plus puissant dans ses armes:
Elle luy lança ces regards,
Qui luy faisoient de toutes parts
Gagner mille nobles trophées;
Mais Charles rompit tous ses traits,
Ses flâmes furent étoufées,
Et ses plus forts charmes défaits.

Ainsi dans l'ardente fournaise
Où les Hebreux furent iettez,
Le feu pour eux, eut les clartez,
Et n'eut pas l'ardeur de la braise.
De doux & de plaisans Zephirs
Y firent aux jeunes Martyrs,
Ressentir leurs fraiches haleines;
Et de ces embrasez Tombeaux,
Les flâmes furent inhumaines
Seulement contre leurs Boureaux.

L'orgueilleux Tyran qui gouuerne
Auec vn dur sceptre de fer,
Le Peuple tremblant de l'Enfer,
En pleure au fond de sa cauerne :
Il gemit de voir vn Enfant,
Par vn exploit si triomphant,
Commencer sa course vaillante ;
Renuerser desia ses Autels,
Et de sa lumiere naissante,
Eblouïr les yeux des mortels.

Quand pour oster le voile aux choses,
L'Aurore sur le front des Cieux,
Seme d'vn vase precieux,
L'or, parmy l'azur & les roses ;
Tousiours le Midy du Soleil,
En lumiere, n'est pas pareil,
A la lumiere de sa source ;
Et souuent au bord de Calis,
Auant qu'il finisse sa course,
On voit ses feux enseuelis.

L'Aurore du grand Borromée,
Où l'ardeur aux clartez se joint,
D'vn feu que les autres n'ont point,
Desja se fit voir enflâmée :
Son Midy pour ses ennemis,
Fut plus chaud que n'auoit promis,
La Grace naissante en son ame ;
Et quand il vint à l'Occident,
Ce Midy tout remply de flâme,
A peine parut-il ardent.

Il est temps que Dieu qui l'éclaire,
Tire ce lumineux Flambeau,
De ce domestique Tombeau,
Où sa flâme est trop solitaire.
Il faut qu'à Rome il fasse voir,
Auec vn absolu pouuoir,
Vne innocence toute entiere ;
Et que sur ce grand Horizon,
Il répande cette lumiere
Que Milan tenoit en prison.

Son Oncle au throsne de Saint Pierre,
Où Dieu venoit de le placer,
Voyoit deuant luy s'abaisser,
Les plus grands throsnes de la Terre.
D'vn vol aussi prompt qu'vn éclair,
Parmy les vastes champs de l'air,
A Milan, la nouuelle en vole ;
Tout s'émeut, & les plus Puissans,
A Charles, comme à leur Idole,
Offrent leurs vœux & leur encens.

Charles seul a cette nouuelle,
A l'esprit comblé de douleur,
Et pour luy, nomme vn grand mal-heur,
Ce que sa fortune en appelle.
Il pleure, & l'on se réjoüit,
Où l'œil des autres s'ébloüit,
Il ne voit rien qui l'ébloüisse ;
Ce Pontife si glorieux,
Luy paroist sur le precipice,
Quand on le croit proche des Cieux.

Contre le Vaisseau de l'Eglise
Tous les vents souflent déchaisnez,
Les Heretiques mutinez
De le perdre, ont fait l'entreprise.
Luther de ses barbares mains,
Contre luy, parmy les Germains,
Excite un dangereux orage;
Et Caluin, parmy les François,
Veut en un semblable naufrage,
Enseuelir toutes ses Loix.

Il voit au fort de la tempeste,
Qu'éleue l'orgueil du Demon,
Que Pie en a pris le timon,
Et qu'à le conduire il s'apreste.
Il sçait que ce Vaisseau diuin,
Malgré Luther, malgré Caluin,
Ne peut s'abismer quoy qu'il flote;
Mais voyant la fureur de l'eau,
Son amour craint pour le Pilote,
S'il ne craint pas pour le Vaisseau.

En

En cette sainte inquietude
Dont son esprit est agité,
Il recourt à l'austerité,
Aux veilles, à la solitude;
Durant le calme de la nuit,
Il pleure, il soûpire sans bruit,
Devant Dieu, son cœur il déploye;
Et Pie, en cét heureux moment,
Où des autres il fait la joye,
Fait & sa crainte, & son tourment.

Il faut enfin pour le resoudre
A quitter le natal séjour,
Que Pie oubliant son amour
Menace sa teste du foudre,
Lors il obeït à la voix
Du grand Pasteur, de qui les droits
Sont absolus sur les Fideles;
Et dans Rome, il vient recevoir,
Avec des bontez paternelles,
Le partage de son pouvoir.

Cinq lustres n'auoient pas encore
Fait pour luy leur rapide tour,
Depuis que son œil voit le iour,
Se leuer au riuage More ;
Mais son esprit est des-ja meur,
Le Ciel de son feu le plus pur ;
Des ans a purgé la foiblesse ;
Il estonne le Champ de Mars,
Et son admirable jeunesse,
Fait honte aux plus sages vieillars.

La Cour en foule l'enuironne
Mais il connoist bien que la Cour,
A plus de respect, & d'amour,
Pour son rang, que pour sa personne :
Il sçait que chaque Adorateur,
Est vn vain & lâche flateur,
Qui de ses hommages se joüe,
Et d'vn culte aussi diligent
Sert des Dieux qui sont faits de boüe,
Que des Dieux faits d'or, & d'argent.

Mais bien-toſt cette Cour flateuſe
Voit en luy des dons éclater,
Qu'il ne luy falut point flater
Par une peinture menteuſe ;
De ſes mœurs l'auguſte ſplendeur,
La ſimplicité, la candeur,
Firent bien-toſt taire l'envie,
Il fut ſa vivante leçon,
Et l'innocence de ſa vie,
N'eut le crime, ny le ſoupçon.

La Pourpre à ſes yeux paroiſt teinte
Non pas de la main des mortels,
Mais du ſang, dont ſur nos Autels,
On offre la Memoire ſainte ;
Il voit en ce miroir ardent,
L'amour pur, le Zele prudent,
Que ſon rang illuſtre deſire
Et ſon éclatante ſplendeur,
Luy ſert d'un ſigne de Martyre ;
Plutoſt que d'un ſigne d'honneur.

A le voir du soin de l'Eglise,
Dans sa jeunesse, se charger;
Lors qu'vn si visible danger
Accompagne son entreprise:
Il semble en audace pareil,
A ce jeune Fils du Soleil,
Qui pensa brusler l'Hemisphere,
Quand d'vn dessein audacieux,
Montant dans le Char de son Pere,
Il voulut éclairer les Cieux.

Ce n'est point vne ieune audace
Qui porte Charles vainement
Au suprême gouuernement,
La voix de Dieu mesme l'y place.
Aussi n'est-il point estonné,
Lors qu'il se voit enuironné
D'Ennemis qui luy font la guerre;
Et durant son penible tour;
S'il embrase toute la Terre,
C'est d'vn embrasement d'amour.

Ainsi le Roy de la lumiere,
Qui nous mesure les saisons,
Voit des Monstres dans ses maisons,
Sans que son Char tourne en arriere:
Deuant l'ardeur de son flambeau,
Et le Belier, & le Taureau,
Baissent leurs lumineuses cornes,
Le Lyon ardent s'adoucit,
Et dans de plus estroites bornes,
Le Scorpion se racourcit.

Lors que son Eglise l'appelle
Il rompt aussi-tost ses liens,
Le credit, les charges, les biens,
Cedent à l'ardeur de son Zele:
Elle le reçoit à genoux,
Elle attend de ce Saint Epoux
La fin de ses longues miseres;
Et croit paroistre desormais,
Comme aux plus beaux temps de ses Peres,
Brillante de diuins attraits.

Milan est couuert des tenebres
De l'ignorance & de l'erreur,
Le Demon y regne en fureur,
Sur les Testes les plus celebres;
La fourbe s'y reduit en art,
L'amitié s'y couure de fart,
Le cœur y dement les paroles,
L'interest y donne la loy,
Et comme d'antiques Idoles,
On conte l'Honneur, & la Foy.

En ombre la clarté s'y change,
Le Vice loin de s'y cacher,
S'y montre, y regne, y fait pecher,
Auec vne haute loüange.
La majesté de la Vertu,
Gemit sous son throsne abbatu,
On la mesprise, on l'abandonne;
Et dans cét abandonnement,
Comme d'vn prodige on s'estonne,
De luy voir faire quelque Amant.

Ce Monstre qui n'a point d'oreille
Pour les conseils de la raison,
Que nourrit son propre poison,
Que la seule rage conseille ;
La hayne au cœur remply de fiel,
D'horreur y fait fremir le Ciel,
Par les excés de sa furie ;
Et le Seigneur, de tous costez,
Oyt vne voix de sang, qui crie
Vengeance de ses cruautez.

Cette agreable Enchanteresse
Qui trempe dans vn doux venin,
Ce trait qui semble si benin
Au premier moment qu'il nous blesse ;
La molle, & douce Volupté,
Y brusle auec impunité,
Mille cœurs de sa flâme impure ;
Et n'y donne dans les plaisirs,
D'autre loy, ny d'autre mesure,
Que le goust, & que les desirs.

Les sacrez Ministres des Temples,
Y deshonorent les Autels,
Et des crimes les plus mortels,
Y donnent de plus noirs exemples:
Les Pasteurs tirent des brebis,
La nourriture, les habits,
Boiuent leur lait, tondent leur laine;
Et sans soin d'vn Troupeau si doux,
Le laissent errer dans la plaine,
En proye à la rage des loups.

Ceux qu'vne sainte solitude,
Par le vœu tenoit attachez,
En ont tous les nœuds relâchez,
En haïssent la seruitude:
Ils laissent leurs bois innocens,
Ils prennent la loy de leurs sens,
Leurs fautes ne sont plus secretes;
Et dans ce noir égarement,
On voit se changer en Cometes,
Les Estoiles du Firmament.

Les Vierges, ces chastes Epouses
Du chaste Fils du Roy des Rois,
De son amour, ni de ses loix,
Ne sont plus saintement ialouses:
Au lieu de luy donner des pleurs,
De sentir ses seules douleurs,
De luy consacrer tous leurs charmes;
Tous ces sentimens sont bannis,
Et quand elles versent des larmes,
C'est pour le trépas d'Adonis.

Charles, voulez-vous donc conduire,
Ce Troupeau grondant de fureur,
Qui fait gloire de son erreur,
Et qui hait qui le veut instruire?
Dans la crainte d'estre conduit,
Chacun s'allarme, fait du bruit,
A la défense se prepare,
Medite des rebellions,
Et dans cette guerre barbare,
Les Brebis seront des Lyons.

Mais la guerre la plus cruelle,
A Charles n'oste point le cœur,
Et pour en demeurer vainqueur,
Au secours, la Grace il appelle.
Il a tousiours les yeux ouuerts,
Il suffit à cent soins diuers,
Dans son Zele il se montre sage ;
Et ce Zele tousiours nouueau,
Dort encore moins que la rage
De l'Ennemy de son Troupeau.

Son esprit iamais ne repose,
Son esprit n'est iamais lassé,
Et quand vn trauail est passé
Vn plus penible il se propose.
Il prie, il menace, il promet ;
S'il punit, c'est auec regret,
Mais il punit auec courage,
Lors que par la punition,
Il faut arrester le rauage
D'vne grande corruption.

Auec ceux qui se réjoüissent,
Ce grand Pasteur se réioüit,
Et sans les flater, il ioüit
De tous les biens dont ils ioüissent.
Auec ceux qui versent des pleurs,
Il pleure, & pleignant leurs mal-heurs,
Il fait bien-tost cesser leur plainte;
Auec le brutal, il est doux,
Enfin, par sa Charité sainte,
Il est toutes choses à tous.

S'il parle, encore qu'il n'employe
Ni sens, ni discours recherchez;
Il n'est, ni pecheurs, ni pechez;
Qu'il n'abbate, qu'il ne foudroye.
Son discours n'est pas un éclair,
Qui brille un moment parmy l'air,
Sans dissiper sa nuit profonde;
C'est un Astre tousiours brillant,
Dont la flame claire, & feconde,
A tousiours un éclat brûlant.

A la parole, il joint l'exemple,
Son cœur ne se dement iamais;
On le voit pur dans le Palais,
Comme on le voit pur dans le Temple.
La Penitence, l'Oraison,
Bannissent loin de sa maison
L'éclat du luxe magnifique;
Sa Famille en vertu reluit,
Et c'est l'Eglise domestique
Où son Diocese s'instruit.

Aux pieds il foule les richesses,
Et pour secourir son Troupeau,
Il verse l'or comme de l'eau,
Dans ses charitables largesses.
En luy les pauvres ont tousiours,
Vn inépuisable secours,
Pour leur indigence cruelle;
Et quand, sans qu'il leur ayt rendu
Quelque assistance paternelle,
Le iour passe, il le croit perdu.

Il est le Mary de la Veuue,
Et le Pere de l'Orphelin,
Son Zele, en leur mauuais destin,
Est pour eux tousiours à l'espreuue.
Contre l'effort des plus Puissans,
Il sert aux foibles innocens
De Protecteur inébranlable;
Tout cede à son cœur genereux,
Et pour le trouuer fauorable,
Il suffit d'estre mal-heureux.

Milan, à la haute puissance,
Luy voit ioindre l'humilité,
La douceur, l'affabilité
La modestie, & l'innocence.
Nuls maux ne peuuent le troubler,
Nulles fatigues l'accabler,
Nulles delices le seduire,
Nulles promesses l'éblouïr,
Nul propre interest le conduire,
Et nul faux bien le réjouïr.

Charles, par cét art admirable
De combatre ses Ennemis,
Voit l'orgueil du Demon soûmis
Au joug de la Croix adorable:
Si par tout le Vice ne fuit,
Au moins ce n'est que dans la nuit,
Qu'il commet ses œuures tragiques;
Il cede à l'honneste pudeur,
La Foy regne, & les mœurs antiques
Reprennent leur vieille candeur.

Alors la Haine ouure l'oreille,
Aux saints aduis de la raison,
Elle deteste son poison,
Et la Charité la conseille;
Elle perd l'aigreur de son fiel,
Pour venger la gloire du Ciel,
Elle entre contre elle en furie;
Et ses larmes, de tous costez,
Sont vne voix d'amour, qui crie
Le pardon de ses cruautez.

D'vne infidelle Enchantereſſe,
On craint l'agreable venin,
Plus ſon trait ſemble eſtre benin,
Plus on a de peur qu'il ne bleſſe.
Les fureurs de la Volupté,
Ne trouuent plus d'impunité,
Les ames ayment d'eſtre pures,
La Vertu conduit les deſirs,
Et l'Euangile eſt la meſure
Par qui ſe reiglent les plaiſirs.

On voit les Miniſtres des Temples,
Seruir ſaintement les Autels,
Et de l'innocence aux Mortels
Monſtrer les plus nobles exemples.
Les Paſteurs donnent leurs habits,
Pour couurir leurs cheres Brebis,
Lors qu'elles ont perdu leur laine;
Et ce Troupeau leur eſt ſi doux,
Qu'ils veillent touſiours dans la plaine,
De peur de la rage des Loups.

Les Moynes dans leur solitude,
Ayment à se voir attachez,
Des nœuds qu'ils auoient relâchez,
Ils benissent la seruitude.
Ils ayment leurs bois innocens,
Ils refusent tout à leurs sens,
Leurs grandes vertus sont secretes;
Et par vn heureux changement,
Ceux qui parurent des Cometes,
Sont des Astres du Firmament.

Du Seigneur les chastes Epouses,
Le preferent à tous les Roys;
De son honneur, & de ses loix,
Elles sont ardemment jalouses.
Songeant à ses longues douleurs,
Leurs yeux dans des torrens de pleurs.
Se plaisent à noyer leurs charmes;
Tous autres pensers sont bannis,
Et la Grace esteint dans leurs larmes,
Toutes les flâmes d'Adonis.

D'vne

D'vne confuse Babylone,
Où regnoit l'impudicité,
Milan deuint vne Cité
Où la Grace est comme en son throsne.
Du grand succés de son trauail,
Du changement de son bercail,
Charles à toute heure s'estonne,
Et dans vne amoureuse foy,
Il en offre à Dieu la couronne,
Et garde le trauail pour soy.

Ainsi durant le regne sombre
De l'Hyuer aux cheueux mouillez,
Des bras des arbres despouillez,
Il tombe des feüilles sans nombre :
Les champs, les jardins les plus verds,
De frimats, de neiges couuerts,
Monstrent vne effroyable face ;
Et les eaux, dans leur lit natal,
Sentent dessous vn frein de glace
Durcir leur liquide crystal.

Mais lors que du froid Capricorne
Le Soleil retire ses feux,
Et que du Belier lumineux,
Il touche la brillante borne;
Les forests éclatent de vert,
Le sein de la Terre est couuert,
D'vn riche esmail de fleurs nouuelles;
Et d'vn cours libre, & diligent,
Les sources qui semblent plus belles,
Font rouler leur liquide argent.

Ce n'est pas que Charles sans peine,
Sans Riuaux, & sans Ennemis,
Aux loix de l'Eglise ayt soûmis
De Milan la teste hautaine.
Sous des pretextes specieux,
Des Gouuerneurs audacieux
Souuent trauerserent ses œuures;
Mais Dieu fut tousiours son apuy,
Et le siflement des* Couleuures
Ne fut point venimeux pour luy.

* Ce sont les Armes de Milan.

Le Demon qu'il comble d'outrages,
Sort de ses tenebreux cachots,
Il fait pour troubler son repos,
Souleuer cent tristes orages :
Il vnit contre ses desseins,
Les Pecheurs auecque les Saints,
Il nomme son Zele, imprudence,
Ses caresses, desloyauté,
Sa compassion, inconstance,
Et sa constance, cruauté.

Quand il voit cét Homme celeste
De tous les orages vainqueur,
La rage à son perfide cœur
Inspire vn dessein plus funeste.
Sous la forme d'vn Apostat,
Il veut par vn lâche attentat,
Mettre la couronne à ses crimes,
Et rauir d'entre les Mortels,
Celuy qui rauit les victimes,
Et l'encens à tous ses Autels.

Il délache l'arme enflâmée,
Le feu brille comme vn éclair,
Et d'vn son aigu, parmy l'air,
Sifle la bale enuenimée.
Charles reçoit le coup brûlant,
Sans que son effort violent
Imprime qu'vne trace noire ;
Sainte Merueille de nos yeux,
Clair Monument de sa victoire,
Et de la puissance des Cieux.

Du Saint la Famille s'estonne,
Mais il fait ferme dans le lieu
Où son ame, aux desseins de Dieu,
Dans la priere, s'abandonne.
Sous le noir manteau de la nuit,
Le lâche criminel s'enfuit,
Charles défend qu'on le poursuiue,
Il le voit d'vn œil paternel
Comme vne brebis fugitiue,
Et non pas comme vn criminel.

Ainſi lors que tombe la foudre
Sur la pointe d'vn vieux rocher,
Qui dans le Ciel ſe va cacher,
L'œil trompé croit qu'il eſt en poudre:
Il fume, il eſt couuert de feux,
De ſon ſein, ſort vn bruit affreux,
Et l'on diroit qu'il ſe dépite;
Mais dans cét aſſaut vehement,
Il demeure ſans qu'il s'agite,
Affermy ſur ſon fondement.

Vne ardente & maligne Peſte,
Commence auec le nouuel an,
Et ſur le ſuperbe Milan,
Elle décoche vn trait funeſte:
Il vole le iour, & la nuit,
La Mort auec ſa faux, le ſuit,
Et moiſſonne tout ce qu'il bleſſe;
Rien ne reſiſte à ſa fureur,
Tout eſt abbatu de triſteſſe,
Et tous les objets font horreur.

A cette attaque violente,
Milan, aux desordres ouuert,
Deuient vn horrible desert,
Et n'a plus sa foule opulente.
Charles se voit abandonné,
Mais son cœur, loin d'estre estonné,
S'arme d'vne nouuelle force;
A la fuite on le veut porter,
Et le peril est vne amorce,
Qui l'oblige de s'arrester.

Il voit que pour punir les crimes,
Des vains, & perfides Mortels,
La Peste, aux pieds des saints Autels,
Offre ses Brebis pour victimes.
Pour elles il brusle d'amour;
Pour elles, à Dieu nuit & jour,
Comme victime, il se presente;
Et son inconsolable ennuy
Est de voir que la Peste ardente,
Pour elles, ne veut point de luy.

Il les soulage, il les console,
Par ses soins, & par ses discours,
Et dans ce paternel secours,
Les effets passent la parole.
Il les visite, il ne craint pas
L'horreur d'un visible trépas,
La vie est le bien qui luy reste ;
Et pour son Troupeau bien aymé,
Le plus ardent trait de la Peste
Moins que son cœur, est enflamé.

Quelles vertus, quelles merueilles,
Ne s'offrent encore à mes yeux !
Que leur nombre est prodigieux !
Quel riche sujet de mes veilles !
Muse, qui m'agitois le cœur,
Ie connois que ton feu vainqueur
Hors de mon ame se retire ;
Ie te permets de me quiter,
Et ie veux bien ne pouuoir dire,
Ce que ie voudrois imiter.

Extraict du Priuilege du Roy.

PAr grace & Priuilege du Roy, en date du treiziéme Septembre 1651. Signé CONRART, & scellé. Il est permis à Messire ANTOINE GODEAV, Euesque de Grasse & Vence, de faire imprimer, vendre & distribuër par tel Imprimeur ou Libraire qu'il voudra choisir, *Toutes les Oeuures Morales & Chrestiennes,* tant en prose qu'en vers, par luy composées, & ce pour le terme de quinze ans, à compter du iour que chaque Volume, ou Discours sera acheué d'imprimer. Auec defenses à tous Imprimeurs de les contrefaire, & à tous Libraires de les vendre & distribuër, sans la permission dudit Euesque, sous peine de trois mille liures d'amende.

Et ledit Seigneur Euesque, a permis à PIERRE LE PETIT, Imprimeur & Libraire ordinaire du Roy, d'imprimer, vendre & distribuer *l'Hymne de Saint Charles Borromée, Cardinal & Archeuesque de Milan,* par luy composé, suiuant l'accord fait entr'eux.

Acheué d'imprimer pour la premiere fois, le 12. Ianuier 1652.

www.ingramcontent.com/pod-product-compliance
Lightning Source LLC
Chambersburg PA
CBHW060529050426
42451CB00011B/1721